SAM THE DETECTIVE AND THE ALEF BET MYSTERY

READ AND COLOR

Sam is the toy bear who sits on teacher's desk. One night, after everyone went home, a magical thing happened.

Sam's nose and ears began to twitch.

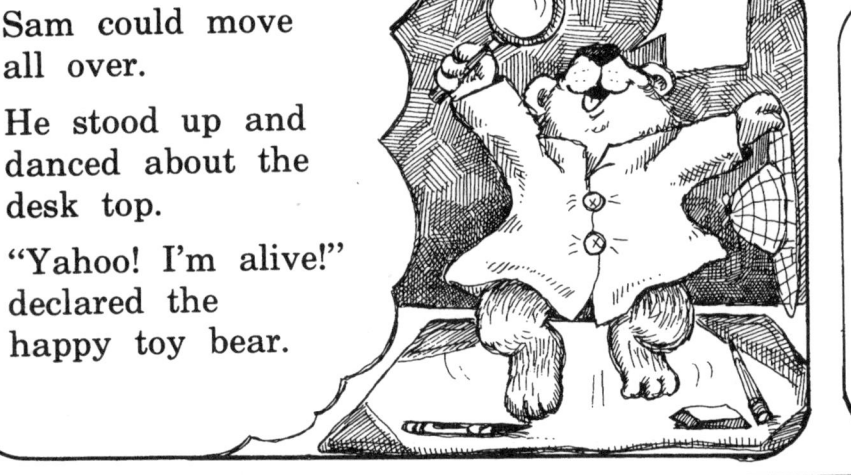

Sam could move all over.

He stood up and danced about the desk top.

"Yahoo! I'm alive!" declared the happy toy bear.

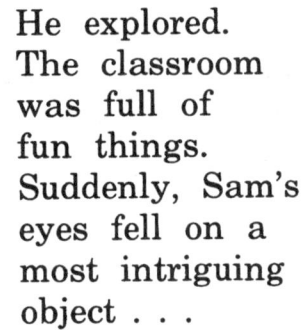

He explored. The classroom was full of fun things. Suddenly, Sam's eyes fell on a most intriguing object . . .

W-H-O-O-S-H

A book called *Alef Bet*. It opened backwards and was full of odd-looking letters that were written right to left. It was called *Hebrew*.

H-m-m. This Hebrew must surely be a secret code. I'm just the bear to crack it!

ALEF BET

Sam read on . . .

ALIEF BETT

Hebrew is different from English. It is the ancient language of the Jewish people. It is the language of Jewish prayer.

vowels

are sounds. Together with letters they make words. Learn them by making their sounds with Sam.

___ or ___ ___ַ ___ָ sounds like AH in	___ ___ֵי sounds like A in	___ ___ִ sounds like I in	___ ___ִי sounds like E in	___ ___וּ sounds like OO in

BIG

 |

W-E-E-E

 | |

___ ___ַי sounds like I	___ ___ֻ sounds like U in	___וֹ or ___ֹ sounds like O in	___ or ___ ___ֱ ___ֶ sounds like E in	___ ___ְ is silent

EYE

 |

PULL

 | |

WET!

 | |

ת or תּ sounds like T in "Toot! Toot!" There are ten taxis tangled in traffic. Find the taxis with ת or תּ on top. Draw lines from the ת or תּ taxis to the traffic light. Color.

TAV

TAV

TAXI

TAXI

TAXI

3

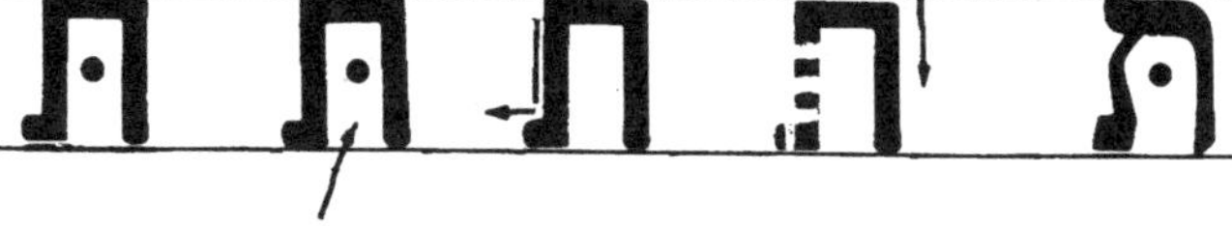

Together, letters and vowels make words. Vowels are to letters what wheels are to a train—they make it go. Now that you know, jump aboard the Alef Bet Express and read the sounds of the train. Remember to read the Hebrew way. Then, color the train.

sounds like **E** in
WET!

HEBREW WAY

תֶּ תֶּת תֶּת תֶּת תֶּת תֶּ תֶּת תֶּ

שׁ sounds like SH in sharpshooter. Shy sheriffs shuffle their shoes while שׁ shines on their badges. Color the שׁ sheriffs and decorate the page with stars.

ָ

sounds like **AH** in

(1) תֵ תָ תֵ תֵ תָ תָ תֵ תָ תֵ תֵ תָ תֵ תָ תֵ תָ

(2) שָׁ שָׁ שֵׁ שָׁ שֵׁ שֵׁ שָׁ שֵׁ שָׁ שֵׁ שָׁ שָׁ שֵׁ

(3) שָׁ תֵ תָ תֵ שֵׁ תֵ תָ שָׁ שֵׁ תָ תֵ שֵׁ שָׁ תָ שֵׁ

(4) שֵׁשׁ שֵׁת שָׁת

RESH

ר sounds like R in Rascal Rabbits ride the rails. Without crossing any lines, guide the rabbit train to the ר radish patch. Color the radishes red.

FINISH

—

—

sounds like **AH** in

(1) רֵ רַ רֵ רָ רַ רֵ רֵ רַ רָ רֵ רַ רָ רַ רֵ רַ

(2) תֵּ רַ שָׁ תַ רֵ תַּ שֵׁ רָ תָ תֵּ שַׁ רַ תָ תֵּ רַ

(3) רֵשׁ רָתָת רָשַׁת תַּשׁ שָׁר

(4) שָׁרֵת שָׁרָת שָׁשַׁר שֵׁרַשׁ

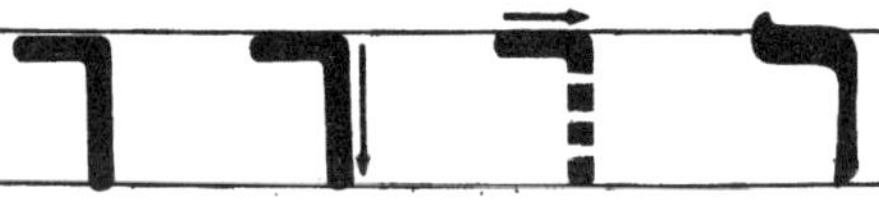

ד sounds like D in duck. Dandy Dragon
dallied down the drawbridge. He dumped a drum
of ד into the water. Find and draw a dot on
each ד. Color.

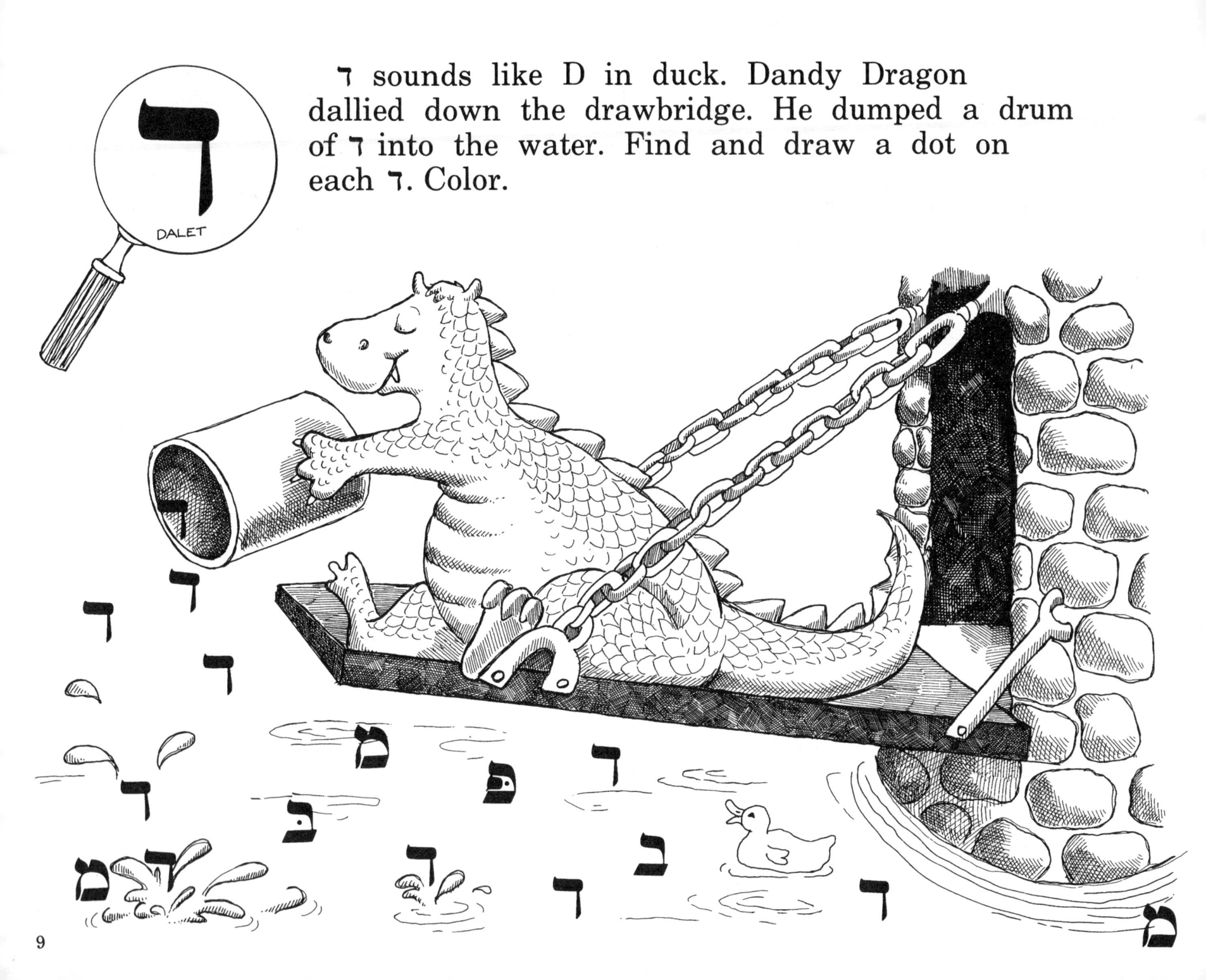

9

ד ד ד ד

(1) דַ דֵ דַ דָ דַ דֵ דָ דֵ דָ דֵ דַ דָ דָ דֵ דַ

(2) דֵ רַ שֵׁ תָּ דַ דֵ רֵ תַ שָׁ דָ תֵּ רָ שַׁ רֵ דָ

(3) דַר דָר דָשׁ דָת דָרַשׁ

(4) דָשַׁשׁ שָׁד שֵׁד שַׁדָר

ל sounds like L in lollipop. Lumpy Leopard loves to lick lemon lollipops. Color the lollipops flavored with ל lemon yellow. Then, color Lumpy Leopard.

LAMED

11

וֹ

sounds like o in

(1) לוֹ לָ לַ לוֹ לֵ לַ לוֹ לָ לֵ לוֹ לָ לוֹ

(2) לֵ תַּ רוֹ שׁוֹ לוֹ דֵ לוֹ תֵ לַ דוֹ רֵ שֵׁ

(3) לוֹ לָתַת לֵב דַל תָּלַשׁ לָשָׁד

(4) דוֹד תּוֹר שׁוֹר שׁוֹרֵר שָׁתַל תָּלַל

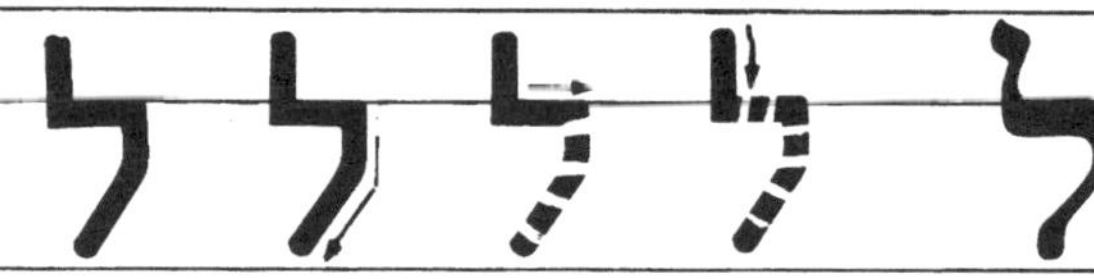

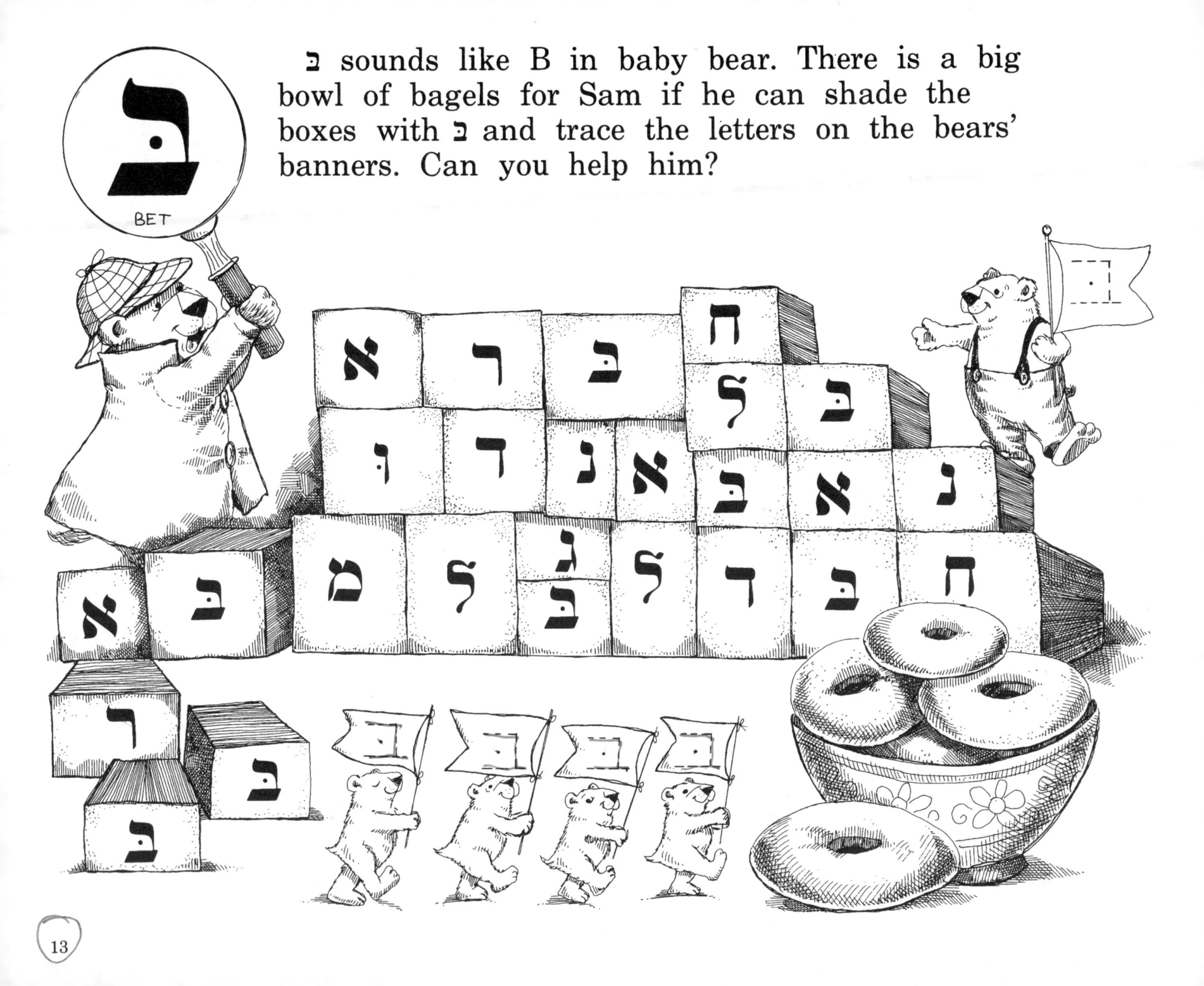

בּ sounds like B in baby bear. There is a big bowl of bagels for Sam if he can shade the boxes with בּ and trace the letters on the bears' banners. Can you help him?

BET

13

ֹ

sounds like o in

(1) בַּ בּוֹ בֹּ בַּ בּוֹ בֵּ בֹּ בּוֹ בֵּ בָּ בּוֹ בַּ בֵּ בָּ בֹּ

(2) בּוֹ תֵּ שַׁ רוֹ לֹ בֵּ שׁוֹ בָּ לַ תּוֹ בֹּ דַ תָּ שֹׁ

(3) בַּר בָּד בּוֹר בַּת בַּלָּשׁ בָּדַל

(4) דַּבֵּר רַבַּת שַׁבָּת בָּרָד שָׁלֹשׁ בָּלַל

ב sounds like V in vampire. The vampire is vacuuming the vegetable patch for ב that mysteriously vanished from the village prayerbooks. How many ב can you find and circle?

VET

 **וֹ**

sounds like **oo** in

כ ה ב ב

(1) בָ בוּ בַ בֹ בוּ בֵ בֶ בָ בַ בֵ בֹ כ בוּ בֹ

(2) בוּ בֹ ל רֶ דוֹ בָ תוּ שׁוֹ תַ ר לֵ בוֹ בוּ

(3) לָבַשׁ בָּרוּר שָׁבַר לוּלָב לוּל לֵב

(4) תֵּבֵל דָּבָר שׁוּב רָשׁוּת רוֹב רָב

16

מ sounds like M in milk. The mad mouse magician mixes magic and mischief into his mini-monster machine. Color the מ monsters he made.

(1) מוֹ מֵ מוּ מָ מֹ מַ מוּ מֵ מוֹ מָ מֹ מוּ מַ

(2) מָר מַד מוֹרָשׁ מוֹשָׁב מָשַׁל מָרוֹר

(3) לוֹמֵד לָמַד תָּמָר שַׁמָּשׁ שׁוֹמֵר שָׁמַר

(4) מוּל מַבּוּל מַמָּשׁ מוֹשֵׁל מָדוֹר מָלַל

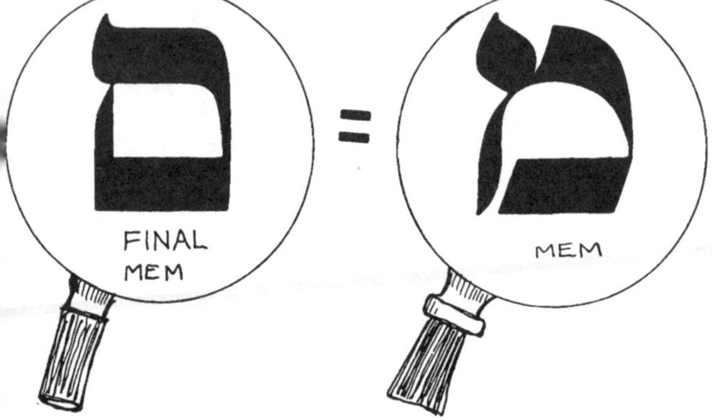

Some Hebrew letters change shapes at the end of a word. These are called final letters. These mice are merrily munching munster cheese. Can you guess which final letter this is? It has the same sound as מ. Color the cheeses being eaten by the final ם mice only.

(1) תֵּם מָם כַּם לוֹם דֵם רוּם

(2) שָׁם שֵׁם בָּם דָם רָם תָּם

(3) דָמַם דָרוֹם שָׁלוֹם שָׁלֵם שׁוּם רָשַׁם

(4) מוּם מָרוֹם רָדוֹם כַּלָּם רוֹם שׁוֹמֵם

נ sounds like N in noodles. Nine Nutty Ninnies in nightgowns are looking for a nest to spend the night. Color the Ninnies with a נ on their nighties and help them to the nest with lines. Draw a little Ninny in the nest to welcome them.

NUN

21

ֶ sounds like E in **WET!**

נ נ נ נ נ

(1) נֶ בֶּ שׁוֹ תֵּ לָ נוּ מֶ דֵ רֹ בֶ נוּ בֵּ שֶׁ מוֹ נוּ

(2) נֵר נוּם נָדַד נוֹדֵד נֶבֶל נֶדֶר

(3) מָנוֹר מָנוֹד תַּנוּר שֶׁנֶת נָשַׁל נֶשֶׁר

(4) שֶׁמֶשׁ דֶלֶת לָנוּ בָּנוּ דוֹרֵנוּ תּוֹרָתֵנוּ

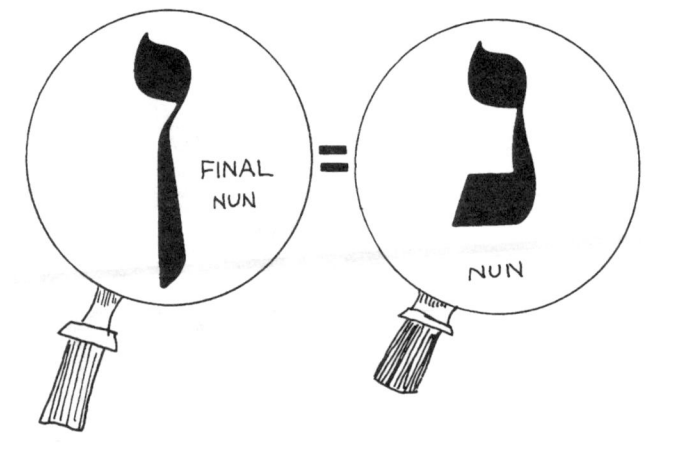

Below is no ordinary bowl of alphabet soup. All the N sounds of נ have turned to final ן. Find each final ן and draw a vegetable around it. Color. Decorate your soup bowl and add noodles to the soup.

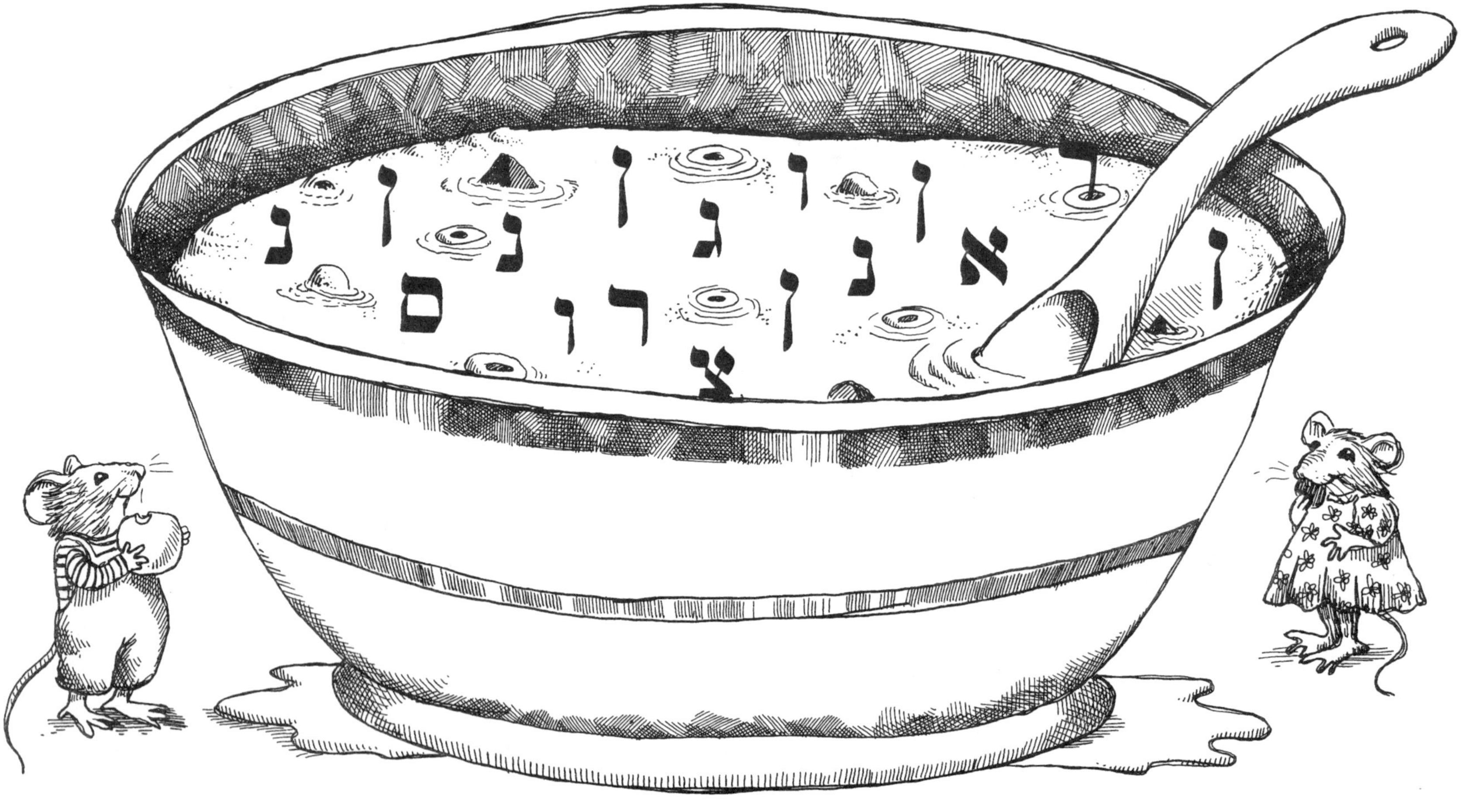

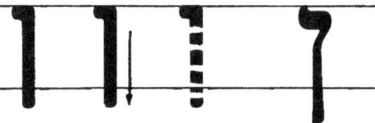

ן וֹ ו ו

(1) לָן מָן שֵׁם רוּן בּוֹן נֶם דוֹן

(2) תֵּן שֵׁן דָן בֵּן מַתָּן לֶבֶן

(3) מָלוֹן מוּבָן שֶׁמֶן לָבָן לָשׁוֹן רַבָּן

(4) נוֹתֵן תֹּרֶן מֵרוֹן בָּלַן מָמוֹן דֶשֶׁן

ג sounds like G in gang of giggling gophers. Find and color the ג gumballs. Draw lines from each ג to a gopher's bubble.

_____

ְ is silent

ג ג ג ג

(1) גְ גָ לֵ נְ נָ שֶׁ גֶ נוּ בְּ גֵ נֹ רְ בֵּ גוֹ גֶ

(2) גַן גָם גָר גֶבֶר גַב גַג

(3) גָדוֹל גָמָל מָגֵן רֶגֶל דֶגֶל גֶשֶׁם

(4) בֶּגֶד מְנַגֵן גוֹמֵר גַלְגַל גְבֶרֶת תַּרְנְגֹל

ה sounds like H in hot dog. (But ה is silent at the end of a word like Torah.) Hungry hamsters hunt for hats full of Hebrew honey cakes. Find and color the honey cakes marked ה. Then, draw hats on the hamsters.

ה ה ה ה

(1) הֵם הֵן הָר תֵּה מַה לָמָּה

(2) נָהַג שָׁנָה תּוֹדָה תּוֹרָה מוֹרֶה מַהֵר

(3) הַגָּדָה הַבְדָּלָה מֹשֶׁה שׁוֹתֶה תְּשׁוּבָה

(4) מְנַהֵל שְׁמוֹנֶה תְּמוּנָה הַרְבֵּה שׁוֹשַׁנָּה

ח sounds like CH in challah. Connect the numbered dots and color the Shabbat challah. Then, color the ח challah bakers below.

CHET

ֻ sounds like u in

ח ח ח ח

(1) חַג חַם חוּם לֶחֶם חָלָב חָבֵר

(2) חֶדֶר שֻׁלְחָן רְחוֹב שָׁחוֹר מָחָר חֲנוּת

(3) חֻמָּשׁ חֹדֶשׁ רוּחַ לוּחַ שׁוֹלֵחַ חָמֵשׁ

(4) חֲבוּרָה חָתוּל חֶשְׁבּוֹן חֲגוֹרָה מַחְבֶּרֶת

YOD

י is silent when it has no vowel of its own. But when it has a vowel, it sounds like Y in you. Yippies the Yodeling Yak eats yummy yellow yarn like you eat spaghetti. What he doesn't know is that it is about to rain י. Color the yarn yellow. Color the clouds dark. Draw a raindrop around each י you find.

ִ sounds like I in

(1) יָד יָם יוֹם יֵשׁ יָשָׁר דַּיָּן

(2) יֶלֶד יָשָׁר יוֹרֵד יוֹשֵׁב יוֹשֵׁן יַחַד

(3) בַּיִת מַיִם יַיִן שָׁמַיִם שְׁתַּיִם יָרֵחַ

(4) בִּנְיָן לַיְלָה מִנְיָן יַהֲדוּת לִלְבֹּשׁ

א is a silent letter. Find and color the players on the **א** team. Color the **א** balls and connect them with lines to the **א** players.

ֵ

sounds like A in

א א א א א

(1) אַבָּא אִמָּא אַתְּ אַתָּה אֲנַחְנוּ אֵשׁ

(2) אָרוֹן מְאֹד מְלֵא לֹא דֹאַר אֶתְמוֹל

(3) אֶבֶן אוֹת אוֹמֵר אוֹהֵב רִאשׁוֹן אֲרוּחָה

(4) אֶחָד אֶל אֱלֹהֵי אֱלֹהֵינוּ אָבוֹת אֲבוֹתֵינוּ

ע is a silent letter. Draw lines from the **ע** in the magnifying glass to the things below that make no sound. Color them.

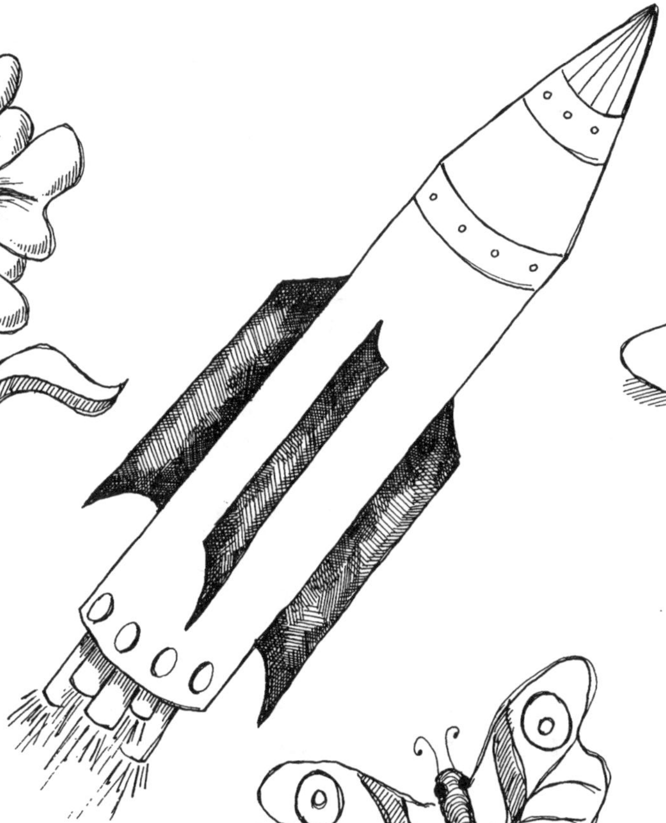

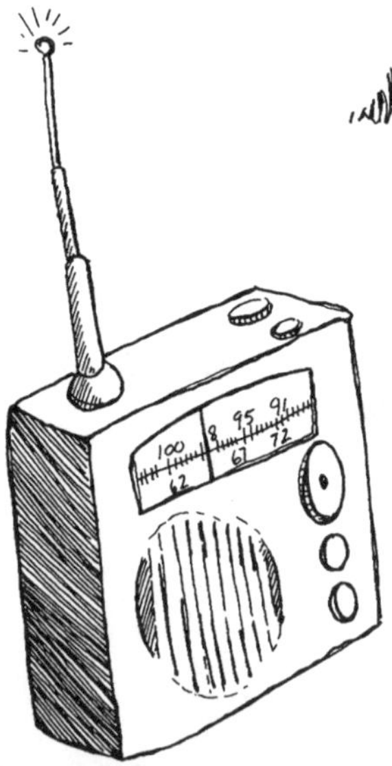

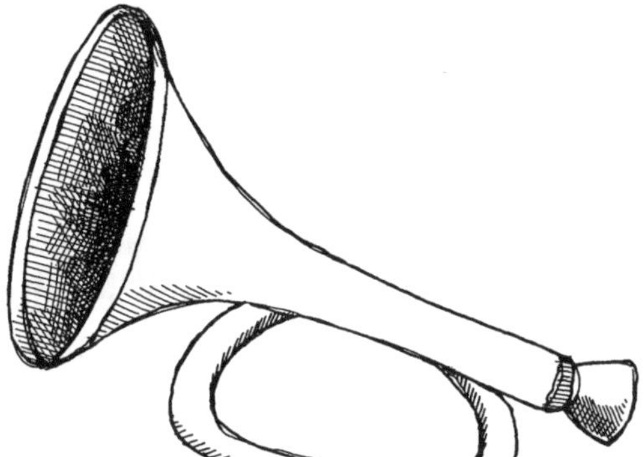

AYIN

ע ע ע ע

(1) עַם עִם עַל עוֹד בַּעַל רַעַשׁ

(2) שְׁמַע שָׁעָה שָׁעוֹן שָׁבוּעַ עֶרֶב עֶלְיוֹן

(3) רָעֵב עוּגָה עוֹלָם דֵעָה תֵּשַׁע אַרְבַּע

(4) עַיִן עֵינַיִם עֲבוֹדָה רַעְיוֹן עוֹמֵד לַעֲמֹד

שׂ sounds like S in soap. Super Sorcerer Sam surprises students with a card trick. "Abracadabra," we begin. Suddenly all the cards say שׂ. Color the cards with שׂ. Color Sam.

ַי

sounds like I

שׂ שׂ שׂ שׂ שׂ שׂ

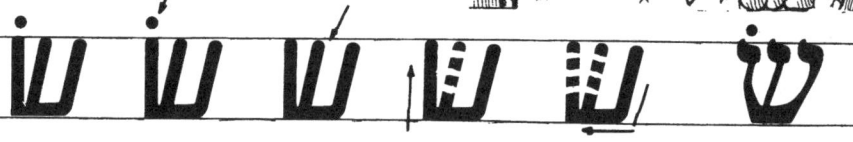

(1) שָׂשׂ שָׂשׂוֹן שָׂר שָׂם שָׂדֶה שֶׂה

(2) שֵׂבֶר שָׂמֵחַ שִׂמְחָה שִׂמְלָה שָׂגַב שָׂא

(3) שְׂעָרוֹת עוֹשֶׂה יַעֲשֶׂה יִשְׂרָאֵל נוֹשֵׂא

(4) חַי דַי אוּלַי אַחֲרַי בָּנַי יְלָדַי עֶשֶׂר

ק sounds like K in kiss. Sam keeps ketchup in the kitchen for giant ק burgers. Find and color all the hidden ק in the burger. Then, color the lettuce, tomato, and bun. But kindly eat something else for lunch!

ק ק ק ק ק

(1) קַם קַל קַר קָשֶׁה קוֹל קָרוֹב

(2) שׁוּק מָרָק קוֹנֶה קוֹרֵא עֵמֶק מָקוֹם

(3) קַיָּם קֶדֶם קָהָל קֹדֶשׁ קִדְּשָׁנוּ יַעֲקֹב

(4) דִּקְדּוּק יְרָקוֹת נְקֵבָה בְּבַקָּשָׁה בַּקְבּוּק

KAF

כּ sounds like K in kangaroos and kazoos. Kitty flies a כּ kite. Find and color the kites with a כּ. Draw strings from each kite to the kitty without a kite.

כּ כּ כ כּ כּ

(1) כַּד כֵּן כַּמָּה כּוֹבַע כֶּלֶב כָּלָה

(2) כָּשֵׁר כֶּתֶר כָּבוֹד כֹּתֶל רַכֶּבֶת מַלְכֵּנוּ

(3) כִּתָּה כָּחֹל כָּבֵד כְּאֵב כַּדּוּר כְּתֹבֶת

(4) כֹּחַ כַּאֲשֶׁר כְּבָר כְּדַאי מַכֹּלֶת דַּרְכּוֹן

כ has the sound of CH. Pretend that you are a racing car and there is a tiny motor in your throat that goes "Choom-Choom." Now you know just how כ sounds. Draw tires around all the כ you can find. Color.

CHAF

ךְ

sounds like E in

W-E-E-E

כ כ כ כ

(1) בְּכוֹר נָכוֹן חָכָם בָּרְכוּ בְּרָכָה בְּרָכוֹת

(2) שָׁכַח מַלְכוּת כּוֹכָב אוֹכֵל נָכְרִי עַכְבָּר

(3) כִּי מִי אֲנִי תַּלְמִיד אָבִינוּ אַנְגְּלִית

(4) יָכוֹל לִכְתֹּב לָלֶכֶת מִכְתָּב שְׁכוּנָה מְכוֹנִית

Color the bears and boxes with final ךְ. It has the sound of CH in כ. Draw wheels under all the boxes to make wagons. And color the bears, too!

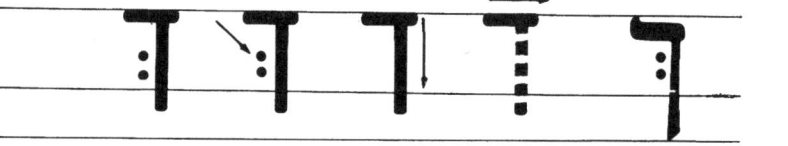

(1) מֶלֶךְ בֶּרֶךְ אָרוּךְ בָּרוּךְ דֶּרֶךְ אָרוֹךְ כָּךְ

(2) אֵיךְ מְחַיֵּךְ נָמוּךְ תַּאֲרִיךְ חֹשֶׁךְ הוֹלֵךְ

(3) מַה שְׁמֵךְ? מַה שְׁמֶךְ?

(4) מַה שְׁלוֹמֵךְ? מַה שְׁלוֹמֶךְ?

ז sounds like Z in zoom. Zany Zorro zips through the zoo making the sign of ז. Color only the cages with ז in them.

ZAYIN

ז ז ז ז ז

(1) זְמַן זוּז זוּג זָקָן זָהָב מַזָּל

(2) זֶה אֵיזֶה זֹאת זְאֵב זֵכֶר זִכָּרוֹן

(3) אֹזֶן אָזְנַיִם מָזוֹן זְכוּת זָכָר מַזְמִין

(4) מַזְלֵג מֶרְכָּזִי מִזְרָח מְזוּזָה מִזְבֵּחַ

ט sounds like T in tiger. Tea and toast might taste terrific, but Sam must tune in the ט as they tumble across the TV screens. Draw a line under each ט you find. Color.

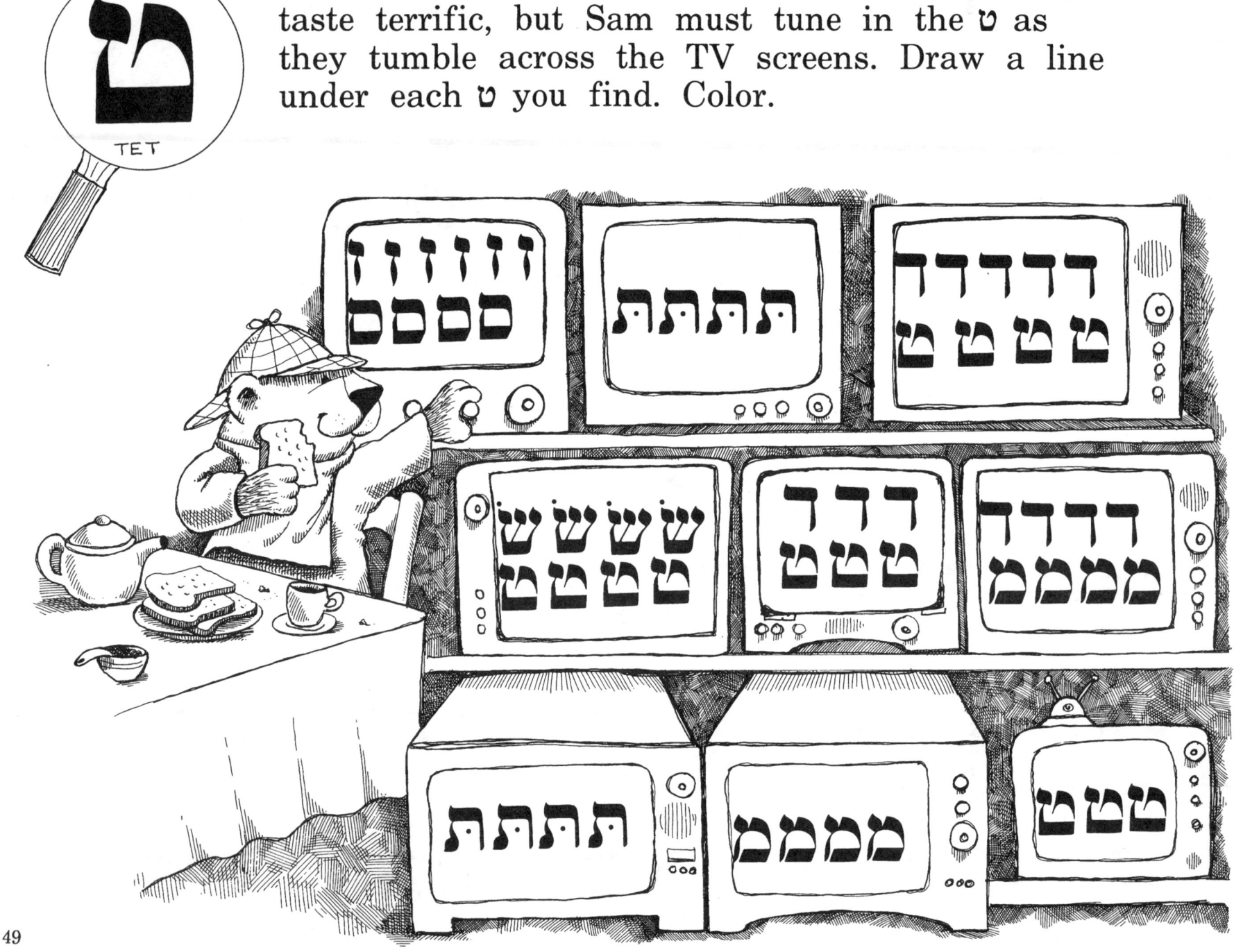

ט ט ט ט ט

(1) טוֹב טוֹבָה עֵט מִטָּה טַל נָטַע

(2) קָטָן קְטַנָּה טִיּוּל שֶׁלֶט טַבַּעַת טַעַם

(3) מַבִּיט הֵטִיב לְאַט שֶׁקֶט טַלִּית רָהִיט

(4) שׁוֹטֵר מִשְׁטָרָה טָעוּת טוּ בִּשְׁבָט

פ sounds like P in pretzel palace. Papa Platypus put on print pajamas and puffed his pipe. Color the puffs with פ. Then, color the platypus's pajamas.

(1) פְּרִי פֹּה פֶּה פַּעַם פּוּרִים כִּפָּה

(2) עִפָּרוֹן פָּקִיד פָּתַח פָּנִים מִשְׁפָּחָה

(3) פֵּרוֹת פִּתְאוֹם פָּשׁוּט פָּתוּחַ פְּרָטִי מַפָּה

(4) תַּפּוּחַ תַּפּוּזִים מְחַפֵּשׂ פָּחוֹת אוּלְפָּן

פ sounds like F in funny face. Five fat fish are floating around at feeding time. Draw bubbles around the פ each time you see one. Fill the fish bellies with food you draw.

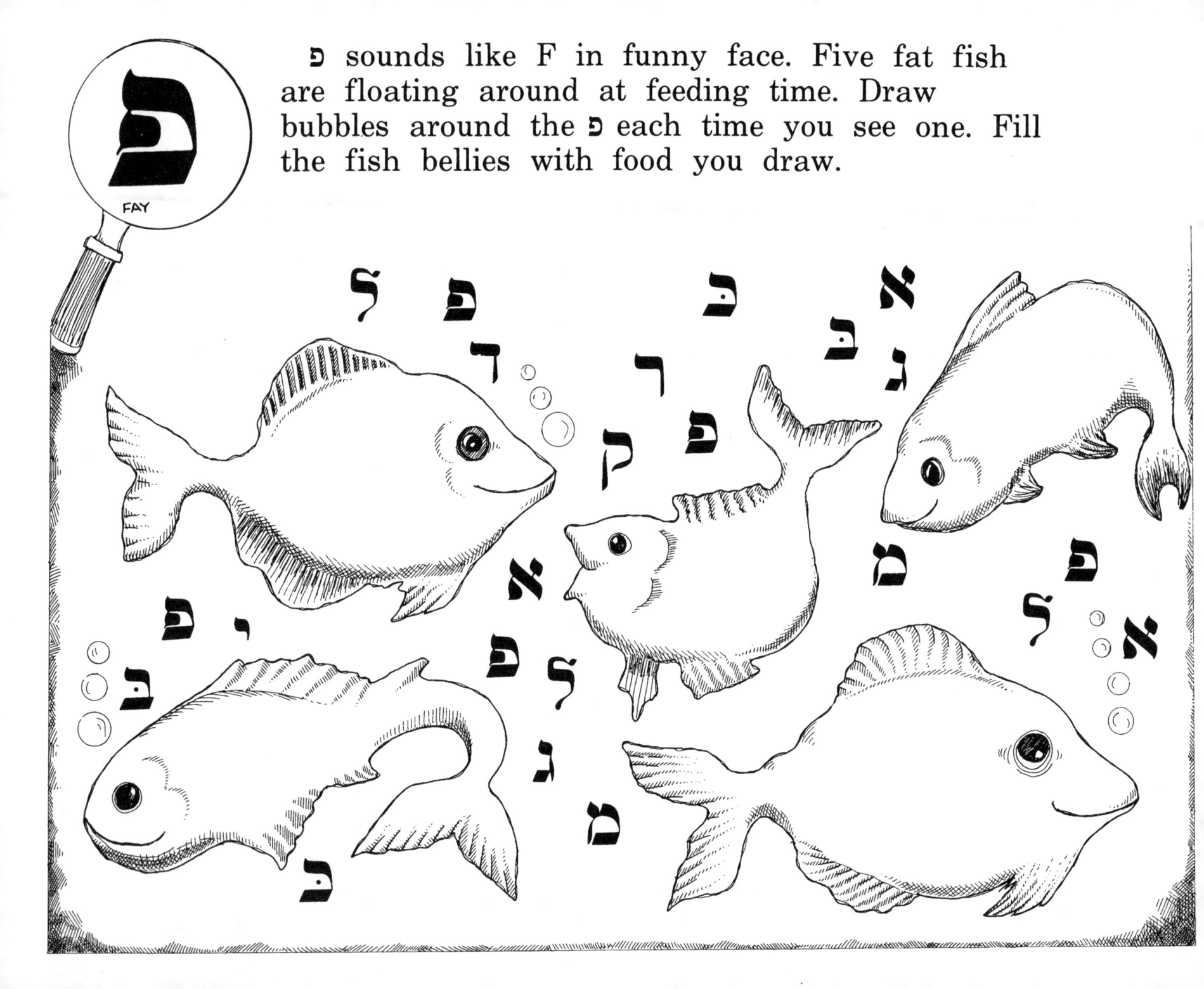

פּ פּ פּ פּ

(1) שׁוֹפָר רוֹפֵא יוֹפִי אֵיפֹה אֶפְשָׁר שָׂפָה

(2) אֲפִילוּ תְּפִלָּה חָפְשִׁי נִפְגַּשׁ נֶפֶשׁ כְּפָר

(3) חֻפְשָׁה לִפְתָּן פֶּלָפֶל מְלָפְפוֹן אֲפִקֹמָן

(4) בָּרוּךְ אַתָּה יְיָ אֱלֹהֵינוּ מֶלֶךְ הָעוֹלָם

בּוֹרֵא פְּרִי הַגָּפֶן

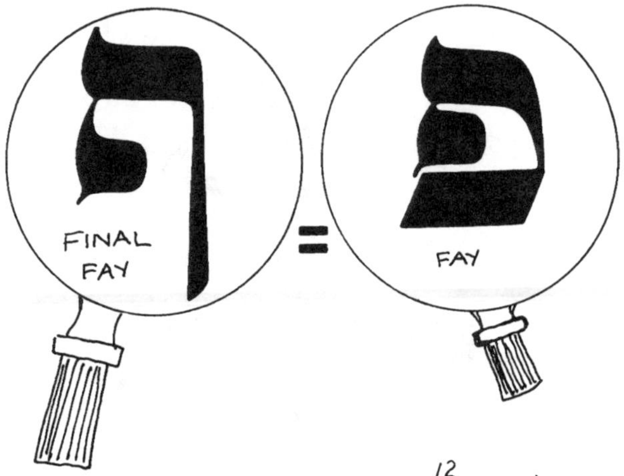

Final ף has the same sound as פ. First, connect each set of numbered dots to make boots. Then, draw lines from the final ף boots to Sam's fuzzy feet. Color Sam.

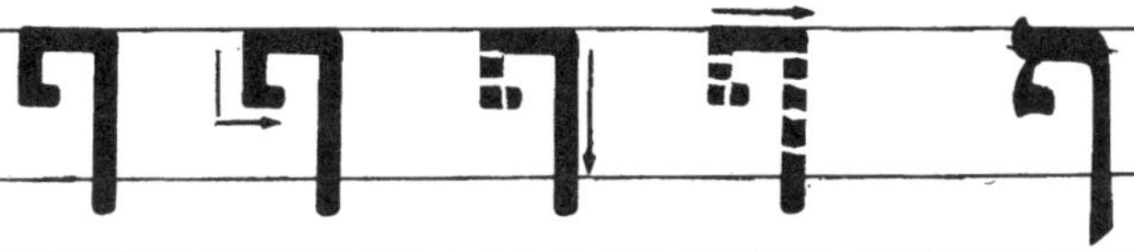

(1) דָף אַף גוּף כַּף חוֹף עוֹף

(2) חֹרֶף נֶקֶף עֹדֶף חָלַף עַיֵף כִּשׁוּף

(3) קוֹף עֹרֶף שׁוֹתֵף כָּתֵף תּוֹף

(4) רֶשֶׁף תֵּכֶף כָּנָף מַחֲלִיף חוֹפֵף

TSADEE

צ sounds like TS at the end of brats in hats. Finish the rhymes below by tracing each צ. Then, turn the book upside down and read the answers again.

TS

BRATS IN HA_ _ צ

LOTS OF SPO_ _ צ

CATS ON MA_ _ צ

TOTS AND PO_ _ צ

HOOTS IN BOO_ _ צ

Answers:
Brats in hats.
Cats on mats.
Hoots in boots.
Lots of spots.
Tots and pots.

צ צ צ צ צ

(1) מַצָּה מַצּוֹת צוֹם צִבּוּר צָבָא בֵּיצָה

(2) צִיּוֹן מִצְרַיִם רוֹצֶה יִצְחָק צֹאן קְצָת

(3) מֶלְצַר רִצְפָּה צוּר צֶדֶק אֵצֶל צָהֳרַיִם

(4) תְּפוּצוֹת עַצְמָאוּת הַמּוֹצִיא הוֹצִיאָנוּ לְצַלְצֵל

ץ at the end of a word has the sound of TS at the end of bats. Final ץ has the same sound as צ. Color the ץ balloons, and connect them with strings to the balloon bear.

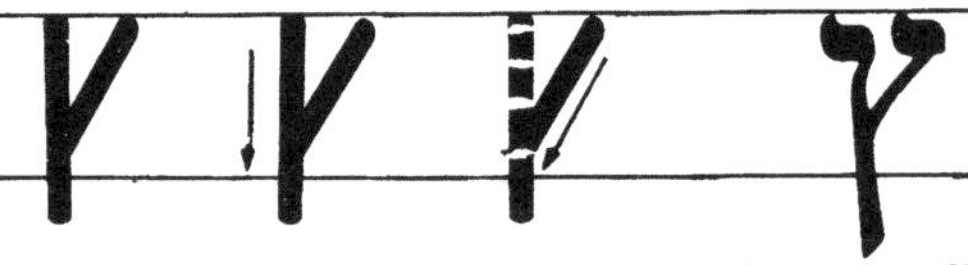

(1) אֶרֶץ עֵץ רָץ חוּץ קַיִץ קִבּוּץ

(2) חָמֵץ בּוּץ מִיץ קֵץ לֵץ רָבַץ

(3) נָצַץ שֶׁרֶץ הֵצִיץ הֵפִיץ צִיץ פֶּרֶץ

(4) רוֹחֵץ מִתְרַחֵץ הִמְלִיץ עָרִיץ לְהִתְפּוֹצֵץ

Sam is voyaging to the land of ו in a vessel filled with vanilla cookies, vitamins, and volleyballs. Help him find his way to the mysterious land where ו grows on vines. Draw colorful circles around each ו.

COOKIES

VITAMINS

COOKIES

COOKIES

S.S. VIOLET

VAV 7 YDS.

ר ד ו ו

(1) וֶרֶד וִילוֹן רֶוַח תִּקְוָה וָתִיק מִזְוָדָה

(2) אֲוִיר כַּוָּנָה עַכְשָׁו מִצְוָה מִצְוֹת בְּמִצְוֹתָיו

(3) בָּרוּךְ אַתָּה יְיָ אֱלֹהֵינוּ מֶלֶךְ הָעוֹלָם אֲשֶׁר

(4) קִדְּשָׁנוּ בְּמִצְוֹתָיו וְצִוָּנוּ לְהַדְלִיק נֵר שֶׁל שַׁבָּת

62

ס sounds like S in smiling Sam in a spaceship. Find the ס. Draw suns and stars on each one. Color.

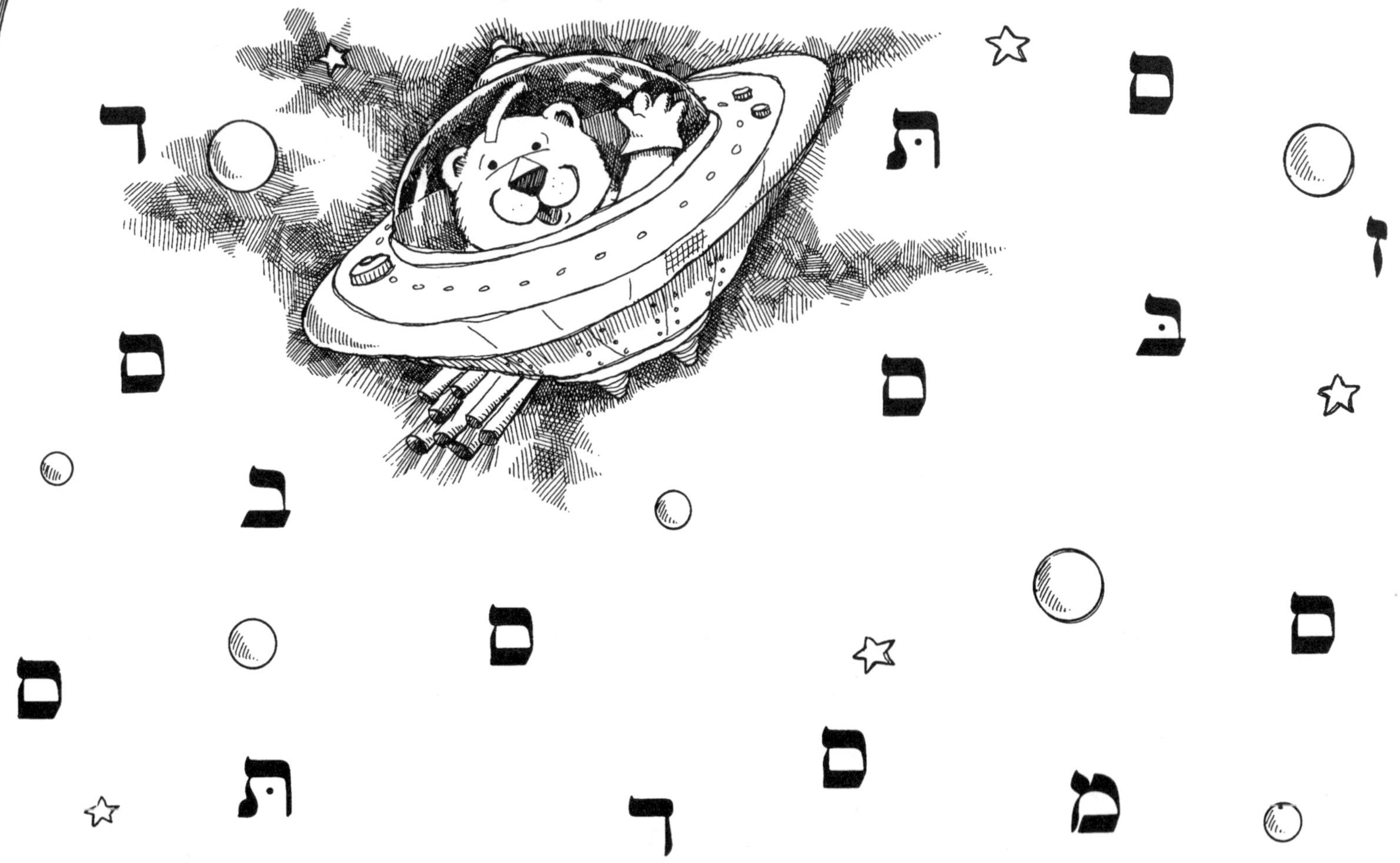

SAMECH

ס ס ס ס ס

(1) סִדּוּר סֵדֶר פֶּסַח סֻכּוֹת סִינַי נֵס

(2) סוֹד כִּיס כִּסֵּא כּוֹס סֵפֶר כֶּסֶף

(3) אֶסְתֵּר יוֹסֵף סְבִיבוֹן סַבָּא סַבְתָּא סְתָיו

(4) כַּרְטִיס נְסִיעָה מִסְפָּר פַּרְדֵּס סְלִיחָה סוֹף